천국의 숲 그림 묵상

천국의 숲 그림 묵상

지은이 | 이은혜
초판 발행 | 2021. 11. 24
2쇄 발행 | 2021. 12. 28
등록번호 | 제1988-000080호
등록된 곳 | 서울특별시 용산구 서빙고로65길 38
발행처 | 사단법인 두란노서원
영업부 | 2078-3352   FAX | 080-749-3705
출판부 | 2078-3331

책값은 뒤표지에 있습니다.
ISBN 978-89-531-4098-1   03230

독자의 의견을 기다립니다.
tpress@duranno.com   www.duranno.com

ⓒ 저자와의 협약 아래 인지는 생략되었습니다.
이 출판물은 저작권법에 의해 보호를 받는 저작물이므로 무단 전재와
무단 복제, 무단 사용을 할 수 없습니다. 이를 어길 시 법적 조치를
할 수 있음을 알려드립니다.

두란노서원은 바울 사도가 3차 전도여행 때 에베소에서 성령 받은 제자들을 따로 세워 하나님의 말씀으로 양육하던 장소입니다. 사도행전 19장 8-20절의 정신에 따라 첫째 목회자를 돕는 사역과 평신도를 훈련시키는 사역, 둘째 세계선교(TIM)와 문서선교(단행본·잡지) 사역, 셋째 예수문화 및 경배와 찬양 사역, 그리고 가정·상담 사역 등을 감당하고 있습니다. 1980년 12월 22일에 창립된 두란노서원은 주님 오실 때까지 이 사역들을 계속할 것입니다.

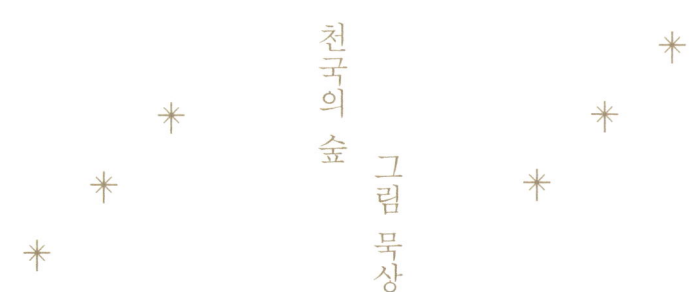

천국의 숲 그림 묵상

그림으로 하나님을
노래하다

이은혜 지음

두란노

목차

프롤로그 8

Part 1
경험

부르심 14 / 하나님 탐구 생활 16 / 함께 보기 22 / 하나님 뜻대로 24 /
예배가 시작되는 자리 26 / 충만 28 / 자유로의 구속 31 / 하늘 점선 나라 34 /
누림의 미학 35 / 물 속의 은혜 38 / 숨은 은혜 찾기 42 / 하나님의 긍휼과
성실하심이 44 / 하나님의 영광 46 / 신뢰 48

Part 2

문제 속에서

고난 52 / 고통 중에 기뻐하기 57 / 무게 중심 58 / 통증 60 / 착시 63 / 순종의 유익 65 / 제어 장치 66 / 집중해야 할 것 68 / 두려움 70 / 아버지는 자녀에게 72 / 우리의 실패를 두려워하지 않으시는 하나님 74 / 기대어 살기 76 / 기다림 78 / 오뚝이처럼 80 / 나는 향기롭습니다 84

Part 3
광야와 죄

그분을 만났다 88 / 광야 96 / 보호하심 100 / 틈 102 / 벌레가 지나간다 104 / 자기 의 106 / 대속 108 / 이처럼 112 / 과거로부터 115 / 보는 것 116 / 빛 120

Part 4
믿음과 사랑

나는 지금 124 / 온전함을 향하여 126 / 영적 유목민 130 / 그곳에는 134 / 깨어 있음 136 / 예측 가능한 미래 138 / 믿음 뒤에 숨어 있는 하나님의 전능하심 141 / 믿음은 142 / 매력적인 신앙인으로 145 / 싸움의 대상 146 / 관계 회복 151 / 탈출 152 / 힘의 방향에 대하여 153 / 권리 포기 158

Part 5
비전

드리밍 드러머 162 / 하나님이 그리시는 그림 164 / 재능 166 / 창조력의 바른 쓰임 168 / 세상의 소금 173 / 효율성 174 / 비전 180 / 흔적 182 / 오래달리기 189 / 죽음이라는 소망 191

에필로그 196

프롤로그

노트 구석에 끄적이던 낙서가
그림이 되고
글이 되고
묵상이 되었다.

20대 후반, 그렇게 광야 속에서
그림 묵상을 시작했고
사람들은 나의 묵상에 공감해 주었다.

작고 작은 나의 삶이
누군가에게 도움이 될 수 있다는 것이
신기하고 감사했다.

시간이 지나면서
묵상 나무는 숲이 되어 갔다.
많은 이야기가 숨어 있는 숲속,
지나온 자리를 돌아보니
때마다의 묵상들은 여전히
자신의 자리를 지키고 있었다.

'천국의숲'이라는 이름이 생기고 나서
12년이 지난 지금에서야
종이로 된 책이 나온다.
독자들과 따뜻한 지면으로 함께할 수 있어
너무 기쁘다.

그림은 모두 수작업으로 이루어진다.
나는 0호 붓을 가장 많이 사용한다.
0호 붓은 세필붓 중에서도 가장 얇다.

내가 붓을 들면
하나님은 세필을 닮은 나를 들어
그림을 그려 주신다.
그러면 그 그림은 강한 톤이 아니라도,
많은 것을 그리지 않아도
굉장한 힘을 가지게 된다.
하나님 손에 늘릴 때
그런 일이 일어난다.

그 가벼운 붓이 무겁게 느껴질 때도 있다.
하나님이 생각을 주지 않으시고,
손을 움직여 주지 않으시면
한 글자도 쓸 수 없고,
한 점도 찍을 수 없다.
내 힘으로 되는 일이 아닌 것 같다.
나는 통로일 뿐이다.

수년간 두 아이의 엄마가 되느라
많은 작업을 할 수 없었다.
그동안 나의 묵상 주머니는 포화 상태가 되었다.
책을 쓰며 와르르 쏟아 내지 않으려 애썼지만
다 빼내지 못한 힘이 있다면
너그러이 봐 주시면 좋겠다.

천국의 숲에서 함께 미소 지었던 친구들에게
이 책이 반갑지 않을까 싶다.
여러 시절을 함께한 모두에게
선물이 되어 주길 소망한다.

이 책을 통해
한 사람이라도 하나님을 만나게 된다면
나는 또 다음 걸음을 걸을 수 있을 것이다.
우리들의 숲이 만나
천국의 숲을 이루길 바라며.

덧붙여 사랑하는 하율, 하임이에게
이 책을 전한다.

2021년 11월
이은혜

Part 1   경험

`부르심

친밀한 관계 속에서 서로를 부르는 것은
단순한 이름이 아닌
서로의 존재, 그 자체를 부르는 것이다.

하나님은 내 이름을 부르신다.
아니, 나의 전부를 부르신다.

하나님이 부르시면
어디로 가야 할지 방향을 모르던 내 삶에
이정표가 생긴다.

하나님 탐구 생활

우리에겐 참 많은 질문이 있다.

삶에 대한 질문은
꼬리에 꼬리를 물고 끊임없이 이어지지만
우리는 스스로 자신의 삶에 대해 답을 내릴 수 없다.

그러나 하나님께 가까이 가면
그동안 알 수 없었던 이유들이 밝혀지고,
우리가 살아가야 할 삶의 모습이 보인다.

하나님은 자신을 목적지로 우리의 삶에 길을 내시고,
택한 사람들로 그 길을 걷게 하신다.
그러니 삶의 목적 되시는 하나님이
궁금할 수밖에.

나로부터 출발한 물음은
하나님을 알고자 하는 열망으로 이어진다.

그렇게 하나님의 본체에 다가감으로,
우리가 하나님의 전부를 알 수는 없지만
그분의 손가락 끝에 내 손이 닿을 때
그 커다란 존재가
하나님이시라는 것을 알 수 있다.

나는 정말 크단다.
네가 상상할 수 없을 만큼 말이야.

이리 올라와 보렴.
그럼 내가 보는 것을 너도 보게 될 거야.

ˋ함께 보기

하나님과 함께하면 그분이 보시는 것을 우리도 보게 된다.

하나님 뜻대로

바닷물은 스스로 땅과 바다의 경계를 넘지 않는다.
하나님의 질서 안에 평안이 있기 때문이다.
창조물 중 오직 사람만이 하나님의 질서를 벗어난다.
그리고 마음이 아주 많이 복잡해져 평안을 잃는다.

하나님은 우리 안에 질서를 다시 세우기 원하신다.
그분의 의지로 비움과 채움의 일들을 시작하신다.
불순종을 뿌리로 두었던 모든 생각과 감정을 내보내시고
우리 안에 하나님이 친히 들어오셔서
우리를 보호하시며 지속적인 평안으로 인도하신다.

결국 모든 것은 하나님 뜻대로 된다.
정말 다행히도.

예배가 시작되는 자리

아담은 피어오르는 자연 속에서 새롭게 창조된,
이전에 보지 못했던 인격을 마주한다.
그리고 동시에 아담은
자신과 닮은 유일한 존재를 통해
자기 자신을 만난다.

"내 뼈 중의 뼈요 살 중의 살이라!"

아담이 하와를 처음 보았을 때의 감탄은
창조의 경이로움과 더불어
하나님의 형상에 대한 놀라움과
자신이 바로 그러한 피조물이라는 깨달음이 뒤섞인
새로운 호흡의 시작이었을 것이다.

창조를 '경험'함으로 비로소
다른 차원의 '예배'가 시작된 것이다.

예배의
언어

하나님의 하나님 되심을 알게 될 때
우리는 자연스레 낮아진다.
아니, 태초에 지어졌던 본래 자신의 자리를 찾는다.
사람이 설 수 있는 곳은 흙, 그뿐이다.
지금이라도 아래를 내려다보면
우리의 발은 자신이 태어난 곳을
늘 마주하고 있다는 사실을 알 수 있다.

그러나 이 유한한 물질로부터 나온 우리는
영원을 사모하는 영적인 존재가 되었다.
하나님이 생기를 불어 넣어 주셨기 때문이다.
가장 작은 티끌이 하나님의 호흡을 담은 생령이 되었다.
아무것도 아니었던 우리가 존귀히 여김을 받게 된 것은
오롯이 사귐을 기뻐하시는 하나님의 뜻으로 된 것이다.

우리는 하나님을 알아 가면서
그분과 더 깊은 관계 속에 들어가게 될 것이다.
하나님의 광대한 사랑 앞에
경외함으로 무릎 꿇는 예배가 시작될 것이다.
창조주의 손에서 빚어진 피조물의 자리에서.

충만

하나님이 말씀하셨다.
"생육하고 번성하여 땅에 충만하라."

얼마나 많은 사람이 태어나 곳곳에 흩어져 살아야
충만한 것일까.
충만하다는 개념을 눈에 보이는 것으로만 생각한다면
그 의미가 모호해진다.

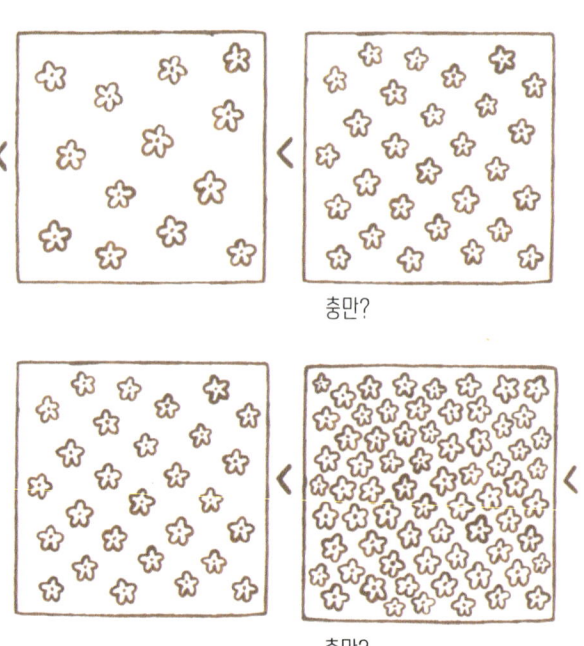

충만?

충만?

하나님은 단순히 물질만 창조하신 것이 아니라,
그 안에 관계를 디자인하셨다.
하늘과 바다와 땅, 온 세계에 펼쳐져 있는 생명들은
서로 관계를 맺으며 영향을 주고받는 것이다.

사람이 땅에 충만하다는 말은
서로 유기적인 관계 속에서 주고받는
영향력까지 포함한다.

충만은
전에 있던 것을 완전히 덮어 버리는 영향력이다.

그러므로 성령 충만은
나의 전부가 성령님의 영향력 아래로 들어가는 것이다.

자유로의 구속

사람들은 자유를 원한다.

그러나 자유를 결정하는 것은
상황이 아니라 상태다.

세상은 사람들의 두려움을 이용해
우상을 만들어 낸다.

그러나 세상이 던져 주는 해결책은
일시적인 해소감을 느끼게 할 뿐이다.

결국 자유는 소속의 문제다.
세상에 속하였는가,
하나님께 속하였는가.

진정한 자유는
오직 하나님 나라 안에 있다.
그 나라는 모든 두려움을 내어 쫓는
사랑 위에 세워졌기 때문이다.

그 자유를 맛볼 때
우리에겐 하나님을 향한 자발적 매임이 일어난다.
참 자유가 있는 하나님 나라에
스스로 자신을 구속시키는 것이다.

사랑의 매임으로 자유케 되는
하나님 나라.
그 나라는
지금, 여기.

하늘 점선 나라

하나님 나라는
보이지 않지만 볼 수 있고,
경계가 없지만 경계가 있으며
출입이 가능하지만 그 틈이 좁다.

누림의 미학

어린 시절 우리는 "개미와 베짱이" 이야기를 읽으며
개미의 부지런함과 성실함에 대해 배웠다.
그래서 많은 사람이 개미처럼 쉬지 않고 살아왔으며
앞으로도 그렇게 살아갈 것이다.

그러나 우리 사회의 부작용은
개미처럼만 살아가는 데에서 온다.
이야기를 잘 살펴보면 베짱이도 일을 하고 있다.
삶을 누리는 일 말이다.
생각해 보아야 할 점은,
'개미와 베짱이 중 어느 한쪽을 택하느냐'가 아니라
'어느 한쪽으로 치우쳐 있지는 않은가'이다.

삶의 태도는 관계에도 그대로 이어진다.
우리에겐 일로 맺어진 관계도 있고,
의무나 이익과 상관없이 그냥 만나면 좋은 관계도 있다.
일의 관계, 그리고 누림의 관계다.

나는 둘 중 어디에 더 '편함'을 느낄까?
의외로 일로 맺어진 관계를 편하게 느낄 때가 많다.
일이 끝나면 관계도 끝나기 때문에
친분을 이어 가기 위해
필요 이상의 시간과 감정을 소비하지 않아도 된다.

우리는 알게 모르게 이런 태도로 하나님께 나아간다.
문제가 생겨 기도하다가 그 문제가 해결되고 나면
더이상 하나님을 찾지 않는다.
나의 필요 때문에 하나님과 일적인 관계를 맺는 것이다.

일의 관계는 목적을 위해 만들어지지만,
누림의 관계는 사귐을 통해 이루어진다.
사랑함으로 서로를 원하는 것이다.

우리는 하나님과 함께하는 시간을 통해
그분과 더욱 친밀해질 수 있다.
그 친밀함 속에서
세상을 향한 하나님의 마음이 나에게 온다.
그제야 우리는 세상에서 빛도 되고 소금도 될 수 있다.

하나님과 함께하며 그분의 마음을 얻는 것,
하나님의 마음으로 세상에서 그분의 손과 발이 되는 것,
이토록 시끄러운 세상 속에서
다시 잠잠히 하나님과 함께하는 것.
이 아름다운 순환이 바로
하나님을 누림의 미학이 아니겠는가.

나의 하루를 모두 꺼내
주님께 보여 드릴게요.

물속의 은혜

물고기들에게 밥을 주려고 하는데,
한 마리가 보이지 않았다.

살펴보니 어항 밖에 떨어져 있었다.

'설마 죽은 걸까?'

조심스레 다시 어항에 넣어 주었다.

한참을 보고 있는데…

꿈틀, 꿈틀,
슈웅—
물고기가 살아났다.

지금까지 물고기는
자기가 어디에서 살고 있는지 잘 몰랐을 것이다.
물고기는 언제나 물속에 있었고,
항상 같은 자리에 있는 것은 인식하기 어렵기 때문이다.
물고기는 물 밖에 나와서야
자신이 살아갈 수 있는 곳을 깨달았을 것이다.

하나님 밖에 있으면 잠시 호흡은 할 수 있겠지만
결국 맞이하는 것은 죽음이다.

다시 살아난 물고기를 보며 하나님 나라를 생각했다.
우리는 하나님 안에 있어야 살 수 있다.

HIDDEN GRACE

`숨은 은혜 찾기

오른쪽 그림 속에
영문자 GRACE가 숨어 있습니다.
한 글자씩 찾으면서
내 삶의 숨은 은혜들을 떠올려 보세요.

하나님의 긍휼과 성실하심이

엉킨 실타래를 푸는
가장 간단한 해결 방법은
엉킨 부분을 잘라 내는 것이다.
고장 난 물건이 있으면 고쳐쓰기보다
새로 사는 것이 더 편하다.
우리는 할 수 있으면 편한 쪽을 택한다.

하나님은 고장 나버린 이 세상에 대해
'인간적'인 방법을 사용하지 않으신다.
전능하신 하나님은 모든 것을
창조 이전의 상태로 되돌릴 수 있으시지만,
그분의 긍휼과 성실하심이
수명을 다한 것 같은 세상의 역사를
지속시켜 나간다.

하나님의 일하심은 생명으로 넘쳐흐른다.
하나님은 그 생명을 교회에 부어 주시며
세상의 심장인 교회를 끝까지 뛰게 하실 것이다.

하나님은 당신의 존엄한 영광을
어느 때에도 빼앗긴 적이 없으시며,
자신의 영광을 드러내는 것에
조금의 양보함도 없으시다.

We are
Church.

하나님의 영광

한 그루의 나무에 달린 잎사귀들을 보면
저마다 다른 모양을 하고 있다.
같아 보이는 것들도 생김새와 색감이 모두 다르다.
길가에 핀 작은 꽃들도 각자의 얼굴이 있으니,
자연을 둘러보면 그 아름다운 신비에
감탄이 터져 나온다.
온 세상은 하루도 쉬지 않고
하나님의 위대하심을 드러내고 있다.

우리 또한 하나님의 영광을 위해 지음 받았다.
숨을 쉬고 살아가는 것부터 어떤 행동에 이르기까지
하나님이 어떠한 분이신지 사람들을 통해 드러난다.

하지만 지금의 우리는 사람의 영광을 구하고 있다.
사람들 사이에서 내가 높임 받기를 원한다.
그래서 때로 나의 영광을 하나님을 위한 것으로
포장해 버릴 때가 있다.
지금 우리가 살아가는 경쟁 사회에서는
한 사람이 이득을 취할 때
다른 누군가는 손해를 보게 되어 있다.
나의 기쁨이 다른 이의 슬픔이 되는 것이다.
사회로부터 주어지는 영광은
진정 누구를 위한 것일까.

하나님의 영광 가운데 살아가는 사람은
높고 낮음의 경계가 없다.
하나님은 사람들이 세워 놓은
높고 낮음의 기준을 무너뜨리셨다.
하나님의 영광이 거한 곳은
볼품없는 마구간이었고,
아프고 가난한 무리들 사이였고,
세상에서 가장 비참하다 여기는
십자가 위였다.

하나님의 하나님 되심은
세상의 논리를 거스르는 곳에서 드러난다.
그래서 향기롭고 아름답다.
누구라도 하나님의 영광을 보게 된다면
세상의 아름다움에 현혹될 수 없다.

하나님은 오늘도
질그릇 같은 우리의 심령 가운데 임하셔서
그분의 성품을 마음껏 드러내실 것이다.
온전히 그분이 주권으로
나와 우리 안에서,
당신의 영광을.

신뢰

하나님과 함께 걷다 보면
우리 안에 하나님을 향한 신뢰가 생긴다.
그 신뢰는 하나님이 선하시기 때문에
그분이 허락하신 모든 일도 선하다는
절대적인 믿음을 갖게 한다.
이제는 결과를 보고 하나님을 아는 것이 아니라,
하나님이 어떠한 분이신지 알기 때문에
과정과 결말에 대한 믿음이 있는 것이다.

그 믿음의 여정 가운데 우리는
단단해진 신뢰의 발판을 딛고 도약함으로
영적인 높이뛰기를 하게 된다.
더 이상 하나님 관찰자가 아닌
자신의 전 삶을 드려
하나님의 뜻을 이루어 가는
그분의 제자가 되는 것이다.

Disciple

Part 2　문제 속에서

`고난

우리 앞의 고난은,

잘못된 길로부터 돌이키려는 하나님의 사랑입니다.

고통 중에 기뻐하기

삶은 고통으로 가득하다.
고통 속에 기쁨의 순간들이 쉼표를 찍는다.

아이러니하게도 고통은
내리쉬는 깊은 숨만큼 내면의 깊이를 만든다.
그 깊음 중의 고요함 속에서 주님의 음성이 들린다.

"기뻐하라.
항상
기뻐하라."

무게 중심

어제는 거센 바람에 우왕좌왕,
오늘은 따스한 햇살에 미소를.

바다 한가운데 있는 것은 여전한데
어제와 오늘이 다르다.

맑은 날씨에도
무게 중심을 잘 잡지 않으면
여지없이 기울어 바닷속으로 빠져
버린다.

하나님께 무게 중심을 두고
평안한 항해를.

통증

살아 있는 마음은 통증을 느낀다.
행복하기 때문에 아프기도 하고,
슬프기 때문에 아프기도 한다.

어느 정도의 아픔은 우리를 성장시키지만
감당하기 힘든 일들이 반복되면 마음이 굳어 버린다.

하나님은 통증도 못 느끼게 된
그 마음을 만지신다.
그분의 따뜻한 온도로
새 호흡을 불어 넣어 주신다.

하나님의 말씀은 그렇게 우리를 치료한다.

마비된 감각들이 말씀을 통해 깨어나면
우리는 소리 없는 부르짖음으로
하나님 앞에 나아간다.

착시

사람의 눈은 정교하게 만들어졌지만,
사물을 사실과 다르게 보기도 한다.
착시 효과 때문이다.
밝은 옷보다 어두운 옷을 입으면 더 날씬해 보이고,
머리 길이에 따라 키가 크거나 작아 보이기도 한다.
같은 사람이라도 주변 환경에 따라 다르게 보인다.

우리의 영적인 눈도 그럴 때가 있다.
나에게 주어진 문제가 빨리 해결되지 않을 때
하나님의 능력을 의심하거나
우리에게 무관심하시다고 느끼는 순간이 온다.
변함없으신 하나님을
상황에 따라 다르게 생각하는 것이다.

하나님은 종의 모습으로 사람에게 보이신,
겸손하시지만 크고 높으신 만물의 통치자시다.
유한한 우리는 무한하신 하나님을 가늠할 수조차 없다.

그러니 어떤 상황에서도 내 생각과 느낌이 아닌
사실만을 붙잡아야 한다.
조금의 오차도 없는 말씀의 눈으로 하나님을 볼 때
믿음의 고백이 실재가 되는 일을 경험하게 된다.

순종의 유익

하나님의 뜻을 알지만
순종하기 힘들 때가 있다.

내 안에 꼭꼭 닫아 놓은 방이 하나 있는데,
하나님은 그 문을 두드리시고
안에 있는 문제를 꺼내어 대면하게 하신다.
그러고는 그 문제에 대한
하나님다운 해결책을 제시하신다.

불순종과 순종의 줄다리기가 시작된다.
머리로는 순종이 답이라는 것을 알지만,
마음이 따라 주지 않는다.
그리스도와 함께 십자가에 못 박혔다는 입술의 고백이
아직 마음까지 도착하지 않았나 보다.
여전히 내가 살아 있다.

하나님은 발에 박힌 작은 가시 하나 때문에
제대로 걷지 못하는 나를 보고 계신다.
나도 몰랐던 삶이 절뚝거린 이유를
하나님은 정확하게 알고 계신다.

그런 하나님 앞에서
나를 포기하는 데까지
얼마나 오랜 시간이 걸리는지 모른다.
그러나 이 불편한 시간들이 지나고 나면
뛰어다닐 수 있는 자유를 누리게 된다.
순종의 유익이다.

제어 장치

가끔씩 심한 두통이 찾아온다.
잠이 부족하거나 스트레스가 쌓일 때면
머리를 부여잡고 있는
한 연약한 인간의 모습을 볼 수 있다.

그런 생각이 든다.
이 두통이 나의 제어 장치구나.
교만을 향해 가는 나의 발을 멈추는 제어 장치.

이 통증이 영원히 사라지면 좋겠다.
그런데 나의 약함과 무력함이 여실히 드러날 때마다
인간적으로 높아져 있던 마음이 초기화되는 것이
사실이다.
축복인 듯 축복 아닌 축복 같은.
아니지, 하나님 앞에 내가 있어야 할 자리를
찾기만 한다면 그것은 축복이다.

이외에도 하나님이 나에게 허락하신
여러 제어 장치들이 있다.
내 작은 마음이 그것들을 감사함으로 받아들이기엔
녹록지 않지만,
결국 힘든 순간을 지나고 보면
모든 것이 감사의 이유가 된다.

집중해야 할 것

문제에 집중하다 보면 그 문제는 더 크게 느껴지고,
문제에 가려져 하나님은 보이지 않게 된다.

그러나 하나님께 집중하다 보면
문제는 점점 작게 느껴지고,
하나님을 향한 몰입의 정점에서
마침내 우리는 하나님을 알게 된다.
문제 속에서도 여전히 선하시고,
나를 사랑하시는 하나님이 거기 계시는 것이다.
문제라는 진흙 더미 위에
하나님은 자신을 더욱 선명하게 남기신다.

우리의 삶엔 언제나 크고 작은 어려움이 찾아온다.
예상되는 어려움들을 대비하고 피하려고 해도
예기치 못하게 맞닥뜨리는 상황들이 있다.
문제와 늘 함께 살아가야만 하는 것이 우리의 삶이라면
어떤 방식으로 그것과 공존할 것인가에 대한 고민이
있어야 한다.
매번 문제를 끌어안고 살아갈지,
아니면 문제로부터 한발 떨어져 거리 두기를 할 것인지.

문제를 바라보는 시점이 달라지면
문제 너머의 하나님이 보인다.
바로 그 지점에서, 정지하기.

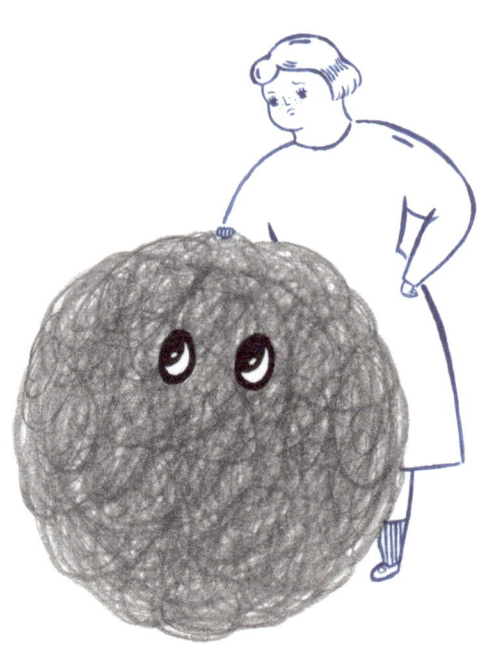

두려움

두려움은 하나님께 속한 것이 아니다.
거짓의 영은 두려움을 이용해
우리의 생각과 마음을 흔들어 놓는다.

두려움에 싸이면 우리는
영적으로 무뎌지고,
미래가 상상 속에서 부풀려져
헛된 생각을 좇아가게 된다.

우리가 어떤 상황에도
두려워하지 않을 수 있는
믿음의 근거는
사탄이 그려 놓은 허상이 아니라
실재하시는 하나님이다.

사단이 켜 놓은
거짓의 라이트를 끄자.

아버지는 자녀에게

아들이 걸음마를 시작할 무렵 남편은 아들에게 공을 사 주었다.
당연히 좋아할 거라 예상했던 것과 달리,
뜻밖에도 아들은 공을 무서워했다.
태어나서 처음 본 물체가 낯설고 이상했던 것이다.

우리는 낯선 환경과 생소한 문제들 앞에 두려움을 느낀다.
그러나 모든 상황을 주관하시는 분이 하나님이라는 것을 기억하면
담대해질 수 있다.
아버지이신 하나님은 자녀인 우리에게
해가 될 것을 허락하지 않으시기 때문이다.

우리의 실패를 두려워하지 않으시는 하나님

부모는 자녀의 실패를 두려워하기 마련이다.
그의 아픔을 견뎌 낼 수 있는 용기가 부족하다.
그래서 자녀에게 늘 지시하고 다그치게 된다.

그러나 하나님 아버지는 언제나 우리를 존중해 주시며,
우리의 자유의지로 인한 시행착오를 허락하신다.
실패에는 배움이 그림자처럼 따르기 때문이다.
우리는 실패의 경험을 통해
결국 하나님 뜻에 순종하는 길에 서야 한다는 것을
깨닫게 된다.

하나님이 우리를 내버려 두심은
자녀에 대한 무관심이 아니라,
자녀를 바른길로 인도하시기 위한
아버지의 용기다.

기대어 살기

부모가 자녀에게 가장 많이 하는 말 중 하나가 바로
"넌 할 수 있어"이다.
어릴 때부터 아이 스스로 무언가를 할 수 있게끔
격려하고 가르친다.
아이가 자라 거대한 경쟁 사회 속에서 살아가려면
독립적이고 능동적이어야 하기 때문일 것이다.

그런데 그렇게 자라나 이미 어른이 되어 버린 우리는
잘 알고 있다.
스스로의 힘으로 할 수 있는 일보다 할 수 없는 일이
훨씬 더 많다는 것을.
실패의 산을 넘어도 눈앞에 또 다른 산이 있음을.

사람은 매우 불완전한 존재다.
외부로부터 에너지를 끊임없이 공급받아야만
생명을 유지할 수 있고,
관계 속에 살아가지 않으면 외로움을 느끼며,
죽음으로부터 스스로를 구원할 수 없다.

이 사실을 재빠르게 인식한다면
그제야 비로소 우리가 살아가야 할 모습이 눈에 보인다.
자생할 수 없는 불완전함은
절대적인 완전함에 기대어 살아가야만 하는 것이다.

사람의 불완전함은
하나님께 나아갈 수 있는 문을 열어 준다.

하나님은
우리가 자신의 무능함을 직면하는 순간이 올 때까지
의도적인 방관을 허락하신다.

결국 그렇게 무능한 존재로 하나님 앞에 나아갈 때
내 손을 잡고 있던 큰 손을 발견하게 된다.
우리가 마음 놓고 기댈 수 있는 전능하신 손이다.

기다림

어려운 상황을 벗어나기까지
오랜 시간이 걸릴 수도 있고,
어떤 목표를 이루기 위해
기다림의 시간이 필요할 수도 있다.
누구에게나 기다리는 일은 쉽지 않다.

그러나 감정의 동요 속에서도
끊임없이 말씀과 기도로 하나님께 나아가며
지금 할 수 있는 작은 일들에 최선을 다한다면,
그 시간은 기다리는 시간이 아니라,
하나님의 뜻을 이루는 시간이 된다.

하나님 안에 이유 없는 시간은 없다.
영원 속에 계신 하나님은
이 세상의 시간을 사용해
하나님의 목적하신 바를 이루어 가신다.

어떤 일이 성취되는 것 이전에
나를 예수님 닮게 하시는
그 일을 말이다.

오뚝이처럼

짜당!

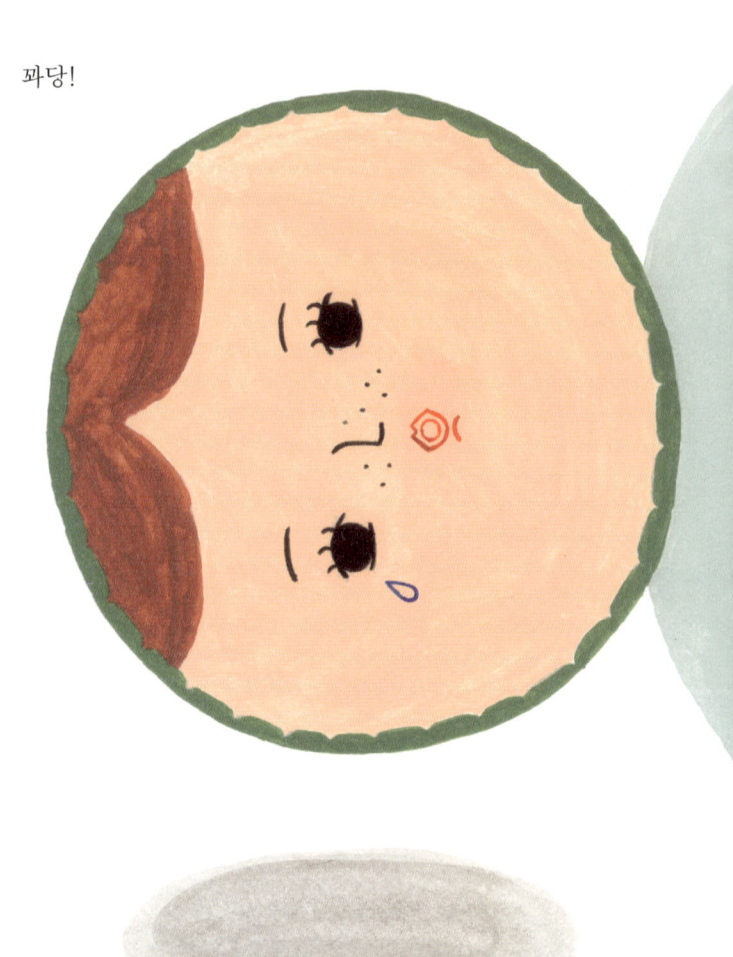

벌떡

나는 향기롭습니다

사람들은 저마다의 향기를 지니고 있습니다.
구원받은 사람에게는 특별한 향기가 납니다.
예수님의 따스하고 생명력 있는 향기입니다.

넘어지고 일어섬을 반복하는 과정에서
향기는 짙어지고,
사람들은 내게서
그 향기를 맡습니다.

예수님을 마음에 모시고
그분의 향기를 전하는

나는
그리스도인입니다.

Part 3 광야와 죄

그분을 만났다

                        웅성

                              웅성

나의 작은 사회가
사라져 버렸다.

내 삶을 가득 채우고 있던 것들이
빈 자리를 드러냈다.

나는 아무것도 남지 않은 곳을
한참 헤매다
주저앉아 버렸다.

왜 이렇게 되었을까.

마음을 누르고 또 누르며
나갈 길을 찾아본다.

출구도 보이지 않고
할 수 있는 일이 아무것도 없다.

시간이 흘러
결국 나는 죽은 듯이 잠잠해졌다.

그때
한 생명을 만났다.
고요한 중에 영광스럽게 빛나는 생명.

모든 것을 잃어버린 마음에
그 빛이 들어왔다.

광야

처절하게 외로운 곳.

그곳에서 뒤엉킨 상처와 눈물로 목소리를 높이며
단단하게 굳어져 있던 나 자신과 사투를 벌인다.

상황은 변하지 않았고
가진 것은 하나도 없는데
하나님 한 분만으로 완전해진다.

언젠가 시간이 지나면 그 멀고 긴 광야에도 끝이 온다.
어느새 도착한 광야의 끝자락에서
발에 묻어 있는 흙먼지를 털어 낼 때,
그곳은 춥고 외로웠던 곳이 아닌
뜨겁고 충만했던 곳으로 기억될 것이다.

그곳이 광야일지라도
살아 있는 그대는 아름답다.

보호하심

과일 하나를 싱크대 구석에 두고
꽤 오래 방치해 놓은 적이 있었다.
껍질이 쪼글쪼글해지고
수분이 하나도 없어 보여서 버리려다가
한번 깎아 보기나 할까 하고
껍질을 벗기기 시작했는데
예상치 못했던 풍성한 과즙이
전등 빛을 받아 반짝거렸다.
말라 버린 껍질 속의 살아 있는 과육.
오랜 시간이 지났어도 생경하게 기억되는
굉장한 반전이다.
껍질은 그야말로 과일의 '보호막'이었다.

우리도 살아 있다면
보호받고 있기 때문이 아닐까?
주위를 둘러보면 죽음은 우리와 아주 가까운 곳에 있다.
겁 없이 빠르게 달리는 차들과 높이 매달린 인공물들,
수많은 바이러스와 육체적·정신적 질병들,
그리고 무차별적인 사회 범죄들까지.
셀 수 없이 많은 이유로 사람이 살아 있을 확률보다
죽을 수 있는 확률이 더 높지 않을까 싶다.
보이지 않는 손이 우리를 지키지 않고서는

살아 있음에 대한 설명이 어렵다.
우리가 오늘도 살아서 숨을 쉬고 있는 것은
길가에 들풀까지도 돌보시는 하나님이
우리를 보호하고 계시다는 증거다.
그렇게 느껴지지 않는 때에라도
우리는 분명 하나님의 생명 싸개 속에 있다.
그분은 쉬지 않고 우리를 돌보신다.

하나님이 이 세상을 보실 때
눈이 부실지도 모르겠다.
우리 모두가 살아있음으로 반짝거리기에.

`틈`

우리의 눈과 귀는 틈이다.
틈으로 들어오는 정보들이 모여 생각이 된다.
그리고 그 생각들은 영적인 상태에 영향을 미친다.

여러 곳에서 무분별하게 쏟아져 나오는 정보들 중에는
우리를 불안과 슬픔의 정서로 몰아가는 것이 수없이 많다.
영육이 건강할 때는 감정의 자정작용이 가능하지만,
내면의 힘이 약할 때는 악한 생각의 지배를 받게 된다.
그래서 보는 것과 듣는 것을 스스로 제한해야 할 필요가 있다.
세상에서 허용한 것이라고 해도
하늘나라의 심의를 통과한 것은 아니니까.

우리가 틈에 대한 경각심을 갖지 않는다면
사탄은 작은 틈 사이로도 소리 없는 이슬비를 내리고
결국 마음을 다 젖게 만들 것이다.
그러면 영적인 감기에 걸려
끙끙 앓고 마는 순간이 찾아올 수밖에 없다.
회복하기까지 많은 힘과 시간이 소비된다.

근신하라 깨어라
너희 대적 마귀가 우는 사자 같이
두루 다니며 삼킬 자를 찾나니
너희는 믿음을 굳건하게 하여 그를 대적하라 …
모든 은혜의 하나님 곧 그리스도 안에서 너희를 부르사 …
너희를 친히 온전하게 하시며 굳건하게 하시며 강하게 하시며
터를 견고하게 하시리라 벧전 5:8-10

빈틈없이 채워야지.

벌레가 지나간다

손가락만 한 바퀴벌레 한 마리가 내 옆을 지나갔다.
너무 깜짝 놀라 소리도 나오지 않았다.
나는 얼음이 되어 버렸다.

다음날 생각 없이 방문을 열었는데
손바닥만 한 바퀴벌레가 믿지 못할 속도로 날아가듯
내 앞을 지나갔다.
어제보다 더 큰 충격에 입을 다물 수 없었다.

그다음부터는 바닥에 떨어진 까만색 물건만 보아도
놀란 가슴을 쓸어내리게 된다.

만약에 죄가 눈에 보인다면
이렇게 반응하지 않을까.

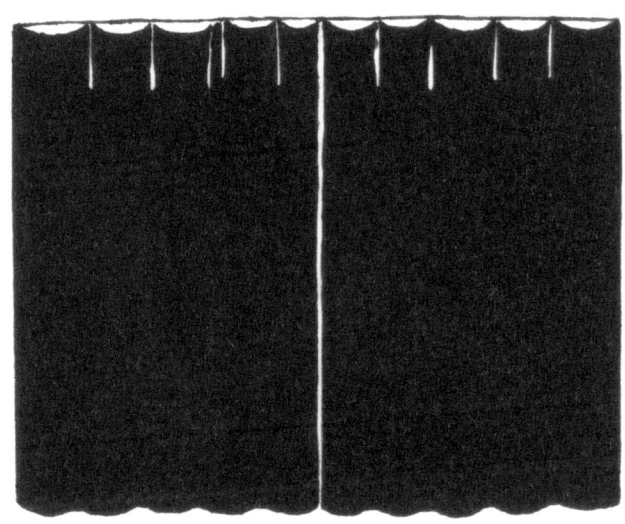

죄를 멀리해야 하는 이유

회개함으로 모든 죄는 용서받지만 문제는,
죄 안에 거하는 동안
하나님과의 단절을 경험해야 하기 때문이다.

자기 의

쉽게 드러나지 않는 죄가 있다.
자신을 의롭다고 여기는 마음이다.

하루의 생각들을 점검하고 행동을 돌아보면
오늘을 괜찮게 산 것 같다.
기도하면 회개할 것이 생각나지 않고,
십자가를 보아도 큰 감동이 없다.
나에 대한 무지함으로 쌓인 자기 의가
은혜를 가로막고 있는 것이다.

죄 가운데 태어난 우리 안에
하나님의 기준에 합당한 의로움이 조금도 없다는 사실을
성령님이 깨닫게 하시면
존재적인 회개가 터져 나온다.
그리고 회개를 통해 무너져 내린 담을 넘어
하나님의 의로우심 안으로 들어가는 은혜를
경험하게 된다.

공의와 사랑

처음 하나님의 사랑을 알았을 때 말할 수 없이 기뻤다.
그러다가 시간이 지나
하나님의 공의로우심을 알게 되었을 때,
고개를 들 수가 없었다.

의로우신 하나님 앞에 나는
절대 용서되고 구원받을 수 있는 존재가
아니었기 때문이다.

대속

죄목:
탐욕
분노
거짓
음란
살인

이제
형을 집행합니다.

보라
아버지께서 어떠한 사랑을 우리에게 베푸사
하나님의 자녀라 일컬음을 받게 하셨는가

요일 3:1

이처럼

작품은 창작자의 생각과 성품을 드러낸다.
보이지 않는 하나님이 보이게 나타나신 곳이
바로 에덴동산이다.

죄가 태어나기 전 에덴동산은
하나님의 아름다움으로 가득했다.
하나님의 형상을 닮은 유일한 피조물인 사람은
에덴동산에서 가장 영화로운 존재였다.
하나님은 당신이 창조한 이 세상을
얼마나 사랑하셨을까.

아담과 하와의 하나됨,
그리고 그들과 하나님의 막힘없는 소통.
터지기 직전까지 가득 찬 기쁨이
그 사이에 흘렀을 것이다.

그러나 곧 아담의 죄로
완전했던 관계들은 깨어져 버렸고,
하나님의 형상은 훼손되었다.
그리고
죽음이 찾아왔다.

나는 어른이 된 어느 날
처음으로 죽음을 경험했다.
할머니가 돌아가셨다.
꽁꽁 얼어 버린 할머니의 얼굴에 손을 댄 순간,
소스라치게 죽음이 느껴졌다.
죽음은 무감각과 무지와 무능의 도착점이었다.
그 무게를 인간은 스스로 감당할 수도,
해결할 수도 없다.

죽음이 인생의 끝이라면
인간의 가장 큰 비극은
생명을 가지고 태어나는 것이 아닐까.
그래서 신은 사람이 되셨다.
우리의 어떠함과 상관없이 우리를 사랑하셨기에
하나님이 자신의 자리를 버리셨다.
나의 세상에 오시고,
함께 살아가시다가
나를 위해 대신 죽으셨다.
이것이 하나님이 세상을 이처럼
사랑하신 방법이다.

예수님이 피 흘리며 우리를 내려다보신
그곳을 올려다볼 때,
고통과 수치도 감당치 못할 사랑이
우리를 구원할 것이다.

과거로부터

과거를 돌아보면
아름다웠던 기억보다 부끄러운 순간들이 먼저 떠오른다.
죄 가운데 머물렀던 시간들에 대한 후회가 반복된다.
그 기억들이 나를 묶어 버리면
일어설 수도, 앞으로 나아갈 수도 없다.

그러나 하나님이 말씀하신다.
나 곧 나는 나를 위하여 네 허물을 도말하는 자니
네 죄를 기억하지 아니하리라 사 43:25

태초에 세상을 창조하셨던 하나님은
지금도 창조의 일을 멈추지 않으신다.
우리의 영혼을 날마다 새롭게 빚어 가신다.
우리 안의 옛 사람을 지우시고
영원한 생명으로 인도하신다.
그래서 이전의 일들은 하나님 안에서
새로운 기억으로 다시 새겨진다.

그 일이 시작되려면
하나님께 나의 모든 시간을 꺼내 보여야 한다.
기억하고 싶지 않은 순간들까지도.
우리의 지나온 삶이 십자가 보혈에 담금질되어
깃털처럼 가벼워질 때,
우리는 앉아 있던 자리를 털고 일어나
소망을 향해 걸어갈 수 있을 것이다.

그러니 이제는 과거에 매이지 말자.

`보는 것

천천히 흘러가는 그림이 좋다.
그래서 그림에 여백이 많다.
빈 공간에는 아무것도 그려져 있지 않지만,
비움을 통해 그려진 개체들은 더욱 선명해진다.

그러니까 여백은 그림을 볼 수 있게 하는 눈이다.
반대로 그려진 것에 집중하다 보면
그려지지 않은 것을 볼 수 없다.
여백이 주는 감흥을 느낄 수 없는 것이다.
시선의 문제다.

나는 지금 무엇을 보고 있는가.
나 자신인가, 아니면 하나님인가.
우리는 하나님 안에서 자신을 알게 된다.
어둠으로 뒤엉킨 우리가 구원받을 수 있는 유일한 방법은
빛 되신 하나님을 바라보는 것이다.
그러니 매일, 아니 매 순간
시선을 하나님께 고정하기 위해 몸부림칠 수밖에 없다.

실패할 때도 많다.
하지만 보이지 않도록 온 우주에 가득하신 하나님이
나와 조금의 틈도 없이 맞닿아 계셔서 나를 일으켜 세우신다.
또다시 은혜다.

오늘도 하나님이 나의 여백이 되어
내 삶의 도화지를 채우시고,
나는 하나님을 통해 새롭게 보이기를
나를 그리는 내가 아니라
여백을 그려 나가는 내가 되기를.

너,
참 빛나는 옷을 입었구나!

내가?

응
너 때문에 밤이 오지를 않잖아.

you are the light of the world.

빛

우리는 빛이다.
빛 되신 예수 그리스도로 옷 입었기 때문이다.

내가 빛을 발하는 존재라는 사실을 잠시 잊을 때도
여전히 빛이 난다.

아직도 얼룩진 옷을 입고 있지만
그래도 빛이 난다.

모든 더러움과 얼룩진 옷을 덮어 버리시는
예수님으로 덧입었기 때문이다.

Part 4 믿음과 사랑

나는 지금

온전히 하나님 편에 섰는가.
아니면 여전히 하나님과 세상 사이의 경계선에서 맴도는가.

온전함을 향하여

하나님 편에 견고하게 서 있는 것이
쉬운 일이 아니다.
우리 안에 숨어 있는 악한 본성이
마음에 틈이 생기면 쏜살같이 튀어나와
마음을 어지럽힌다.

하나님과 손잡고 있으면서
세상을 향해 다른 손을 내민다.

하나님과 세상, 그 경계선에 있다 보면
제일 먼저 찾아오는 것이 불안이다.
하나님 안에서의 온전함을 잃어버리기 때문이다.
그 불안으로부터 자신을 기쁘게 하려는 노력이 시작된다.

탐심을 자기애로 합리화시키고,
끊임없이 자신을 만족시키며
안정감을 줄 수 있는 것들을 찾아 헤맨다.
공허함을 만들어 내는 채움이다.

그러다가 순간
나도 모를 어둠 가운데 있다고 느껴질 때
부모 잃은 아이처럼 하나님을 찾고 나면,
따뜻한 손으로 내 손을 잡고 계셨던 주님이
여전히 거기 서 계신다.

이것이 내가 세상에 속할 수 없는 이유다.

놔, 놓으면 돼.

나는 무엇으로부터 안정감을 느끼고 있는가?

이리로 오렴.

영적 유목민

여행을 다니다 보면 떠오르는 생각이 하나 있다.
집이 있는 저곳도 영원히 살 곳이 아니고,
낯선 이곳이라고 해서 못 살 곳도 아니라는 것이다.

오늘 하루 주어진 '집'은 내일이면 떠날 곳이 되고,
여행 가방 속의 물건들로 오늘을 사는 법을 배운다.

그러면서 더 많은 물질을 소유하고 한곳에 정착하려던
이전의 습성으로부터 자유로워진다.

하나님이 내 안에 계시고
내가 하나님 안에 거하면,
보이는 것이 주는 안정감을 떠나
하나님의 인도하심에 정착하는 일이
끊임없이 이루어진다.
그 안에 진정한 평안이 있다.

하나님 안에서 참 평안을 누리며
어느 곳에서든 하나님 나라를 이루어 가는 우리는
영적 유목민이다.

너 지금 어디 가니?

사람들과 분위기에 동요되지 말고
하나님 뜻이 어디 있는지를 생각해.

그곳에는

하나님 나라의 크기 개념은
이 세상의 것과 반대인 것처럼 보인다.
세상에선 크고 거대한 힘을 따라 사는 것을
동경하게 만들지만
성경이 우리를 인도하는 곳은
다수가 아닌 소수,
높은 자리가 아닌 낮은 자리,
넓은 길이 아닌 좁은 길이다.

하나님이 끊임없이 이 장면들을 보여 주시는 이유는,
그것들이 작고 보잘것없기 때문이 아니라
그곳에 생명이 있기 때문이다.

내가 서 있는 곳에서
생명이 피어나는가,
아니면 죄가 싹트는가.

하나님이 어떠한 분이신지 알고,
그분이 인도하시는 곳에 거하여
밟히고 썩어져 죽음으로 피워 내는,
그 넘쳐 나는 생명을 경험할수록
우리는 누구도 빼앗아 갈 수 없는 힘을 가지고
이 세상을 살아갈 수 있다.

누군가는 세상과 다른 방식의 삶을
이해할 수 없다고 이야기하지만,

그 삶을 향한 선택들은
하나님의 온전하시고 기뻐하시는 뜻이
무엇인지 아는
우리들의 분별력이다.

아, 왜 비뚤게 좁아.

깨어 있음

어린아이들의 가장 큰 특징 중에 하나는
엄마의 곁을 떠나지 않는다는 것이다.
심지어는 엄마로부터 분리되는 것에 대해
공포를 느낀다.
태아는 세상에서 가장 안전한 자궁 속에서
모체와 하나로 연결되어 있었고,
탯줄을 통해 살아갈 영양분을 공급받았다.
그렇게 자라서 세상에 나와
혼자 견뎌 내야 하는 새로운 온도는
아이에게 엄청난 두려움일 것이다.

그런데 그런 아이라도
엄마를 찾지 않는 유일한 시간이 있다.
깊이 잠들어 있을 때다.
잠든 아이는 부모를 찾지 않는다.

우리도 영적인 잠을 잘 때가 있다.
하나님의 가장 가까운 곳에서 안정감을 누리고,
하나님과 멀어지면 불안해져야 하는데
영적으로 깊은 잠에 빠지면 아무것도 느낄 수가 없다.
우리에겐 하나님에 대한 분리불안이 필요하다.
우리가 잠들어 있을 때도
곁을 떠나지 않으시는 하나님이
우리의 감은 눈에 빛을 비춰 주실 때
그 빛에 반응하여 눈을 뜨자.

예측 가능한 미래

하나님이 내일에 대한 답을 주셨다면,
오늘에 대한 책임은 나에게 있다.
좋은 미래를 맞이하기 위해서
나는 지금 어떤 선택들을 해야 할까.

1.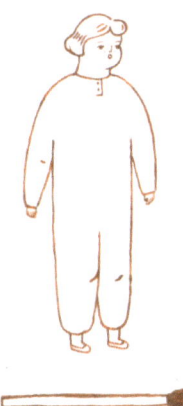

2.

3.

4.

믿음 뒤에 숨어 있는 하나님의 전능하심

온 세상이 하나님을 증거하고 있기에
모두가 하나님을 알 수밖에 없음에도 불구하고
그렇지 못하는 것은
하나님이 그분의 존재와 전능하심을
바늘구멍보다도 더 작은 믿음의 문 뒤에
숨겨 놓으셨기 때문이다.

그 작고 작은 문을 통과했다면
믿음을 꼭 쥐고 살아가야겠다.

`믿음은

꼭 그렇게까지 하지 않아도 된다면,
에스더는 굳이 왕 앞에 나아가지 않았을 것이고,
다니엘은 죽음의 위협 앞에 기도를 멈췄을 것이다.

그러나 믿음은,
어떠한 것과도 타협하지 않는
절대적이며 때론 고집스러운
하나님에 대한 사랑이다.

매력적인 신앙인으로

신앙에도 형태가 있다.
형形이 하나님의 말씀이라면
태態는 그 말씀을 입체적으로 살아 내는 우리의 삶이다.

서로 사랑하라고 하신 하나님의 말씀은
우리의 말과 행동으로 실현되어야
비로소 온전한 신앙의 형태로 완성되는 것이다.

실천이 없는 지식과, 지식 없는 선행은
온전한 신앙이라고 말할 수 없다.
앎과 행동은 손을 잡고 같이 가야 한다.

가끔 신앙의 형태는 있는 것 같은데
신앙의 매력이 느껴지지 않을 때가 있다.
사람들을 감동시키는 힘 말이다.

그 힘은 마음에 있다.
우리의 선함과 따스함은 마음에서 나온다.
지식이 행동으로 옮겨질 때 그곳을 통과해야 한다.
마음이 없는 표현은 타인에게 상처를 남길 수 있다.

서두르지 말자.
누군가의 마음에 다가가기 전에
내 마음을 가열해 줄 기도의 시간이 필요하다.

그렇게 균형 있고 안정감 있는 신앙의 형태들이
교회의 지지대가 되어 누군가의 쉴 곳을 만들어 주고,
안식처가 되어 주기를.

싸움의 대상

"해님과 바람"이란 동화가 있다.
지나가는 나그네의 외투를 바람이 벗길 수 있는지,
해님이 벗길 수 있는지 겨루는 내용이다.
결국 바람은 나그네의 옷을 더욱 여미게 하고
해님은 뜨거운 열기로 나그네의 옷을 벗게 했지만,
만약에 내기의 시작을 바람이 아닌 해님이 했다면,
바람은 더워서 외투를 벗은 나그네를
시원하게 만들어 주는 고마운 존재가 되었을 것이다.

동화 밖을 나와서 보면
해와 바람은 대결구도가 아닌 공존의 관계 속에 있다.
하나님이 창조하신 섭리 안에서
해와 바람, 그리고 모든 자연은 균형을 이루고 있다.

하나님은 우리도 그렇게 살아가도록 하셨다.
한 몸을 이루며 서로 함께하는 존재로 말이다.
그러나 지금의 우리는 편을 나누고 선과 악을 자처하며
누군가를 경계하고 힘겨루기를 한다.
삶으로 동화 같은 기승전결을 만들어 내는데,
행복한 결말로 가기는 쉽지 않다.

이 세상에 우리가 싸워야 할 대상이 있다면
그것은 바로 나 자신이다.
하나님이 아닌 내가 마음의 주인이 될 때
우리는 타자와 나를 비교하며 더 높은 자리를 탐하고
끊임없는 감정싸움으로 시간을 보내게 된다.

우리가 싸워야 할 싸움은 기도 속에 있고,
기도를 통해 하나님 앞에
나의 생각과 감정을 굴복시킬 수 있다.
치열한 자기와의 싸움에서 얻게 된 승리는
하나님 앞에 얼마나 자랑스러운가.

겸손은 낮추는 것이 아니라
비우는 것이다.

관계 회복

깨어진 관계의 회복은 매우 어렵다.
산산조각 난 유리를
원래대로 되돌리는 것처럼 말이다.
깨어진 조각늘을 붙여
다시 하나가 되게 하는 것은
불가능해 보인다.

너와 내가 다시 '우리'가 되려면
마음 조각들을 붙이려고 애쓰기 전에
마음의 질감을 바꾸어야 한다.

딱딱한 마음이 아닌,
물과 같은 마음으로 말이다.
여러 곳으로 흩어졌던 물은
섞이면 완전한 하나가 된다.

신앙에는 그런 신비가 있다.
성령님이 일하시면
마음의 상태가 바뀌는 것이다.
그분의 뜨거운 온도가
따따했던 마음을 감싸 안으면
마음이 말랑말랑해 지다가
물처럼 된다.
물같이 녹아내린 마음은
정말로
하나가 될 수 있다.

탈출

세상의 즐거움에는 중독성이 있다.
멈추어야 한다는 것을 알면서도
자꾸만 세상이라는 껍데기 속으로 나를 집어넣는다.
그러니 숨이 막힌다.

내 의지로 세상을 집어던질 수 없다면
눈을 감자.
아무것도 보이지 않아야
하나님이 보인다.

힘의 방향에 대하여

세상에는 누르는 힘과 세워 주는 힘이 있다.

누르는 힘은 그 힘을 떠받치고 있는 사람들을 힘겹게 한다.
그래서 사람들은 아랫자리를 모면하려고 애를 쓴다.
반면 힘을 가진 사람들은 불안과 상실감에 싸여 살아간다.
세상이 보여 주는 힘의 모습은 슬플 정도로 소모적이다.

이 세상이 그렇다면, 예수님의 사람들은 그 안에 들어가
기꺼이 그 모두를 세워 주는 자리에 있어야 할 것이다.

교회는 그들의 이야기를 듣고
자신을 희생해 그들의 필요를 채워 주며
궁극적으로 새로운 힘의 방향을 제시해 줄 수 있어야 한다.

누군가는 누르고 누군가는 떠받치는
그런 형상으로 살 것이 아니라,
서로가 서로를 일으켜 줄 수 있는
새로운 가치를 보여 주는 것이다.

딱딱한 껍데기를 깨 버리고
말랑말랑하고 따뜻한 진짜 사랑을 보여 줘!

사랑은…
모든 것을 참으며 모든 것을 믿으며
모든 것을 바라며 모든 것을 견디느니라 고전 13:4-7

권리 포기

사랑받아야 한다는 생각 때문에
사랑하려고 하지 못했습니다.
이해받아야 한다는 생각 때문에
이해하지 않았습니다.
사과받아야 한다는 생각 때문에
나의 잘못은 보지 못했습니다.
그것이 내가 누릴 수 있는 권리라고 주장했습니다.

그러나 왕이신 예수님은 이 땅에 오셔서
어떤 권리도 취하지 않으셨습니다.
나의 구원을 이루시기 위해서 말입니다.
내가 하나님을 알기도 전에
그분은 나를 이미 사랑하시고, 용서하셨습니다.

그런 예수님 앞에
내가 누려야 한다고 생각했던 모든 것을 내려놓습니다.
그분의 이해와 용서가
이미 나에게 차고 넘치기 때문입니다.

Part 5 　비전

드리밍 드러머 (dreaming drummer)

소리는
움직인다.

어디든지 갈 수 있고
누구도 묶어둘 수 없다.

사람이 가지 못하는 곳에도
소리는 갈 수 있다.

그래서 나는 소리를 낸다.
복음,
복음의 소리.

복음으로 세상이 진동하는
꿈을 꾼다.

하나님이 그리시는 그림

하나님이 마음에 그림을 그려 주실 때가 있다.
오랜 시간이 지나도 그 심상이 떠나지 않는다.
사명이다.

닭이 오랜 시간 알을 품고 있는 것처럼
하나님이 그려 주신 그림을 오래도록 품고 있으면
언젠가 사명이 부화하는 순간이 온다.
생각만 했던 일이 이루어지기 시작하는 것이다.
두근두근.

그때부터 우리는 하나의 도구가 되어
하나님이 이 세상에 복음을 그려 나가시는 일에
동역하게 된다.

재능

모든 사람은 재능을 가지고 태어난다.
재능은 처음부터 잘하는 일을 말하지 않는다.
어떤 일을 할 때
기쁨이 있고,
지속 가능하며,
선한 영향력을 미친다면
시간이 지날수록 잘하게 된다.
재능에도 노력이 필요하다.

우리는 재능을 가지고 일을 하며 삶을 영위해 나가지만,
재능의 가장 중요한 목적은 복음이 전파되는 것에 있다.
자신이 잘하는 일이 직업으로 연결되지 않거나,
인정받지 못한다고 느껴지면
그 영역을 포기해 버리는 경우가 있다.
그러나 복음을 위해서 할 일을 떠올려 본다면
연결되는 지점이 많다.

우리는 하나님의 뜻 안에서
자신의 재능을 발견하고
개발하려는 노력을 끊임없이 해야 한다.
그러면 반드시 그 일을 통해
선한 열매들이 맺히게 된다.

창조력의 바른 쓰임

하나님은 무에서 유를 창조하셨고,
그분의 형상을 닮은 우리도 창조적 존재로 지음 받았다.
그래서 우리는 하나님과 같은 창조를 할 수는 없지만,
이미 존재하는 것들을 분해하고 결합하는
재조합의 과정을 통해 새로운 것들을 생산해 낼 수 있다.
어떤 생각이나 재료의 기본 형태가 순수에 가까울수록
무한한 재창조가 가능해진다.

재조합의 작업들이 수없이 반복되어
어떤 분야에서 전문성을 갖게 되면
개인이 타인에게 미치게 되는 영향력의 범위가 넓어진다.
영향력을 통해 명성과 재물을 얻게 될 수도 있다.
그렇게 소유의 밀도가 묵직해졌을 때
우리가 갖게 된 것들을
다시 헛헛이 풀어 내야 하는 시점이 온다.
정신적 또는 물질적 채움이 필요한 곳으로 말이다.

얻음으로 해야 될 일은 다시 내어놓는 것이다.
우리가 가진 것들을
누군가의 필요 가운데로 흘려보낼 때
우리에게는 새로운 작업에 대한 영적인 원동력이 솟아난다.
창조력의 바른 쓰임은 타인을 향해 있기 때문이다.

와,
넌 참 아름답게 빛나는구나.
온 세상을 비추는 네가 정말 부러워.

사랑스런 반딧불이야.
난 말이야,
내 빛이 닿지 않는 곳까지 날아가
어둠을 밝혀 주고 있는 네가 정말 대단해 보이는 걸.

세상의 소금

우리는 소금이다.
소금은 변화를 일으킨다.
소금과 같은 사람이 있는 곳엔
반드시 크고 작은 변화가 일어난다.

우리에게 쌓인 신앙의 결정체들이
공동체를 좋은 맛으로 이끌고,
공동체가 부패하지 않도록 건강함을 유지시킨다.

소량의 소금이 그 역할을 해 내듯,
소수의 신앙인들이 이 세상에서
자신을 녹여 내는 삶을 살아간다면
세상 곳곳에 반드시 좋은 변화가 일어날 것이다.

소금이 되는 것도,
소금이 되어 녹아지는 일도 쉽지 않지만,
그 일이 가능하기에
하나님은 오늘도 우리를
소금이라 불러 주신다.

효율성

일을 할 때 효율성은 굉장히 중요하다.
능력 있는 리더라면 유능한 사람을 적재적소에 배치해
빠르고 정확하게 일을 해 낼 수 있어야 한다.
그런 면에서 하나님은 (사람의 관점엔) 비효율적인 리더시다.
우리가 가장 연약할 때,
모든 것이 무너져 있을 때,
나는 이제 아무것도 아니라고 할 때,
그때 하나님은 함께 일할 준비가 되었다고 하신다.

전지전능하신 하나님의 지혜는
하나님이 정하신 때에 그분의 뜻을 이루시는 것에
완벽하게 부응한다.
하나님의 일하시는 방법에 부족함이 있다면
인류 역사상 최대의 낭비는 바로
신이 인간이 되셨던 일 아닌가.

하나님은 십자가를 통해
죽음에 이르는 죄의 무게를 보게 하셨고,
그럼에도 불구하고 죄는
그분의 사랑을 뛰어넘을 수 없다는 것을
선명하게 각인시키셨다.
용서와 사랑으로 점철된 교회는
세상의 관습을 따르는 것으로부터 돌이켜
하나님의 뜻을 회복해야 한다.

각 지체가 연합하여 하나 되는 것,
자신이 죽어짐으로 공동체를 세우는 것,
서로를 사랑함으로 하나님 나라를 이루어 가는 것,
그렇게 교회가 세상 속에서
복음 덩어리가 되어 버리는 것이다.

이로써 내가 살고 우리가 산다.
이것이 반드시 이루어질 하나님의 성공이다.
하나님 앞에 나는 아무것도 아니라고 고백하는,
그것이 겸손인 것조차 모르는 겸손의 때에,
우리는 하나님 손에 붙들려
생명의 역사를 써 나가는 도구가 된다.

그래서
절망과 한숨 섞인 오늘은
보이지 않는 한 획을 그어 나갈 이유가 되고

그래서
하나님은 여전히
가장 효과적으로 일하고 계시다.

난 할 수 없어.

아니야! 하나님과 함께하면 모든 것을 할 수 있어!
NO! With God nothing is impossible!

비전(vision)

예수님이 삶의 비전이 되면
살기 위해 살아가는 사람이 아닌,
의미 있는 삶을 살아가는 사람이 된다.

What do you see?

흔적

나는 팽이 같습니다.

돌고 돌고,
또 돌고.

점점 낡고
닳겠지요.

그래도 괜찮습니다.

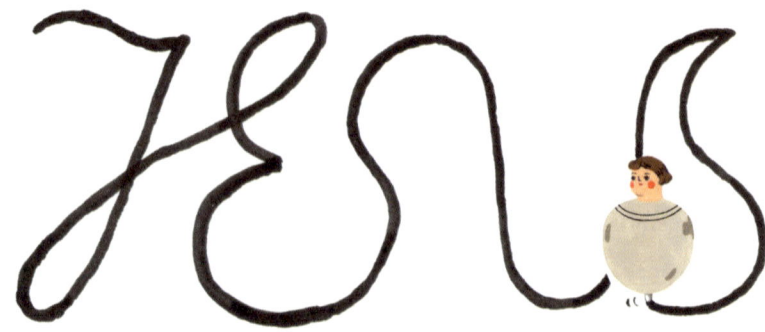

내 삶이 지나온 길에
예수님의 흔적이 새겨질 테니까요.

하나하나의 물방울이 모여
큰물을 이루듯이
내 삶의 모든 지점이 모여
결국은 예수님을 그려가게 될 거예요.

그렇게 전 인생으로 예수님을 그려간다면
어떤 모습으로, 어떤 일을 하든
하나라도 의미 없는 순간이 없겠지요.
나 스스로가 삶의 의미를 찾을 수 없는 순간에도.

하나님 안에 있는 인생은
그렇단 말이죠.

`오래달리기

오래달리기를 해 본 사람이라면 대부분 느꼈을 것이다.
중간 지점을 달릴 때의 기분을.
달리기의 시작과 끝엔
어느 정도의 거리감과 속도감이 느껴지지만,
중간 지점은 조금 다르다.

달리다 보면 어느 순간 주위가 적막해지면서
내가 달리고 있는 건지, 다리가 달리고 있는 건지
잘 모른다.
그런 상태가 멋쩍어 슬쩍 웃음이 스며 나오는
여유마저 생긴다.
비전문가로서 생각하는 오래달리기의 묘미는
그 적막의 순간이 찾아올 때 스스로를 재촉하면서
의지적으로 다리를 움직여 주는 시간에 있는 것 같다.
그렇게 혼자만의 싸움을 하다 보면 어느새
도착점에 다다르게 된다.

우리가 어떤 목표를 향해 달려 나갈 때
오래달리기의 중간 지점과 같은 시기가 꼭 온다.
긴 호흡으로 지루한 공기를 견뎌야만 하는 시간 말이다.
속도감을 잃어버린 다리를 들어 올릴
의지와 힘이 필요하다.

그 시간이 조금 길어지다 보면
보이지 않는 하나님의 격려와 공급해 주시는 힘에
오롯이 의지할 수밖에 없다.

그렇게 긴 숨을 내쉬며 달리고 또 달린다.
정확한 방향으로 달리는 일을 멈추지 않는다면
우리는 반드시 목표 지점에 도착하게 된다.

땀을 흘리며 두 발로 뛰어서 목적지에 도착해 본 사람은
땀 속에 녹아져 있는 시간의 가치를 안다.
달려 온 거리만큼 성취의 감격도 크다.
자전거나 자동차를 타면 순식간에 도착할 수도 있겠지만,
빠르고 쉬운 방법을 택하면 중간 지점을 경험할 수가 없다.

지금도 누군가 긴 코스를 달리는 중에 있다면
잠시 속도를 늦추고 스스로를 다독이면 좋겠다.
잘하고 있다고, 그렇게 달려가면 된다고.

죽음이라는 소망

이 세상에서의 마지막 날은
우리가 사는 날 중 가장 가슴 벅찬 날 아닌가.
그토록 궁금해하고 그리던 예수님 앞에 서는 날이다.
예수님을 실제로 만나면 어떨까.
너무 놀라서 심장이 쿵 하고 떨어질까.
아니면 황홀해서 아무 말도 못하게 될까.

비로소 그날이 되면 모든 삶의 멍에와 짐이 벗겨지고
물리적, 정신적, 영적으로 완전한 자유를 얻게 될 것이다.
현세와는 차원이 다른 아름다운 세계를 누리게 될 것이다.

이탈리아로 여행을 갔을 때 바울 순교지를 방문했다.
어둡고 습한 돌 감옥도 보았고, 처형당했던 단두대도 보았다.
이는 내게 사는 것이 그리스도니 죽는 것도 유익함이라 빌 1:21
사도 바울의 고백이 돌 틈 사이사이에 스며들어
차가운 그곳을 지금까지도 온기 있게 만드는 것 같았다.

바울은 순교했지만,
정작 그 자신에게는 삶의 마침표가 없었다.
그가 죽음마저 복음 전파의 한 방법으로 여길 수 있었던 것은
실재하시는 하나님과 천국에 대한
확실한 소망 때문이었을 것이다.

천국은 이 땅에서 고된 삶을 살아 냈던 우리에게
소망이 된다.
복음으로 살았고, 복음을 위해 살았다면
고군분투했던 삶에 비례하는 천국에 대한 기대가 있다.

우리가 이 세상을 떠나는 순간
죽음이 강하게 일하는 동시에,
죽음은 완전히 힘을 잃는다.
더 이상 사망의 권세가
영원히 천국을 살아갈 우리 안에서 일하지 못한다.
그러므로 그때에는 어떠한 공포도 불안도 슬픔도
존재하지 않을 것이다.

한 번도 경험해 보지 못한 세계에 대해
막연한 두려움이 있지만,
그마저도 부활하신 예수님이
천국의 실마리가 되어 주셨다.
몸으로 부활하신 예수님이
제자들에게 보이셨던 것처럼,
우리도 그렇게 예수님을 보게 된다.
예수님이 36.5도의 체온으로 내 손을 잡아 주신다니!

죽음 너머를 바라보고 기대하자.
이 땅에서의 삶은 맛보기에 불과하다.
격과 맛이 있는 전채 요리가 입맛을 돋우어 주고
메인 요리에 대한 기대감을 높여 주듯이,
이 땅에서 하늘나라를 맛볼수록
더욱 천국을 소망하게 될 것이다.

하나님이 그토록 좋을 천국을
값없는 선물로 주시다니,
이건 진짜 사랑이다.

에필로그

하나님, 보이세요?

제 마음이에요.

이건 부정적인 생각이고요, 이건 상처.

그리고 이건 저의 죄예요.

앗, 잠시만요! 여긴 하나님이 오실 만한 곳이 아니에요.

아, 안 되는데…

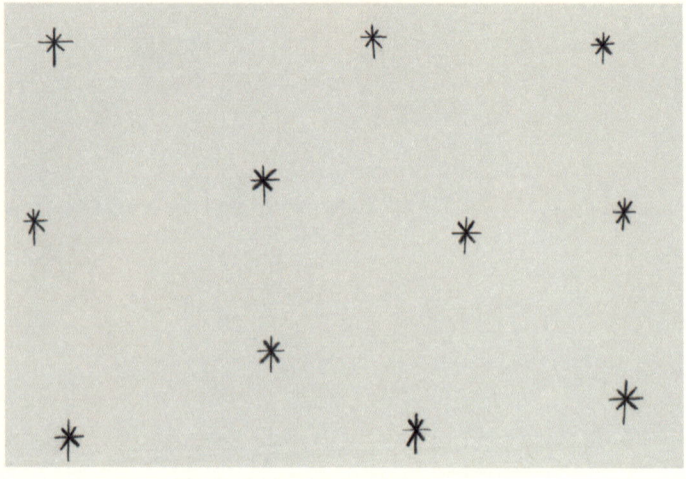

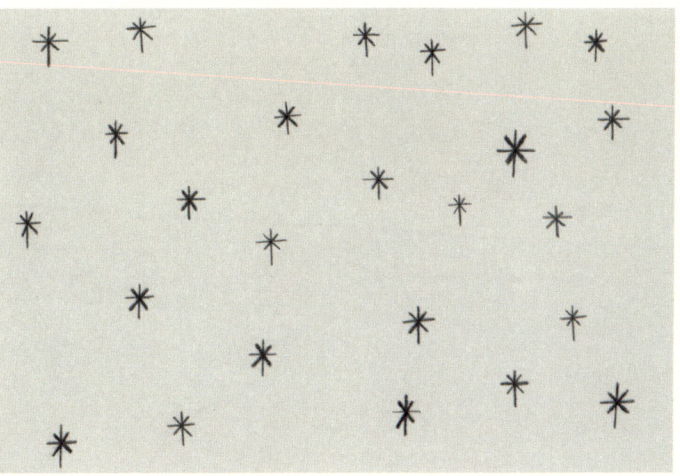

나의 첫 그림 묵상

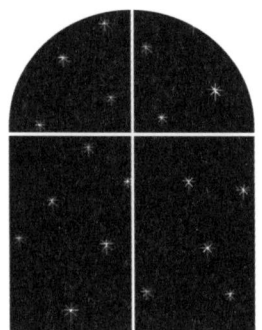